# ŒUVRES COMPLÈTES

DE

# J. DE MAISTRE

NOUVELLE ÉDITION

Contenant ses Œuvres posthumes et toute sa Correspondance inédite

---

## TABLE GÉNÉRALE

DES QUATORZE VOLUMES

LYON
LIBRAIRIE GÉNÉRALE CATHOLIQUE et CLASSIQUE
VITTE ET PERRUSSEL, ÉDITEURS-IMPRIMEURS
3 et 5, Place Bellecour
1887

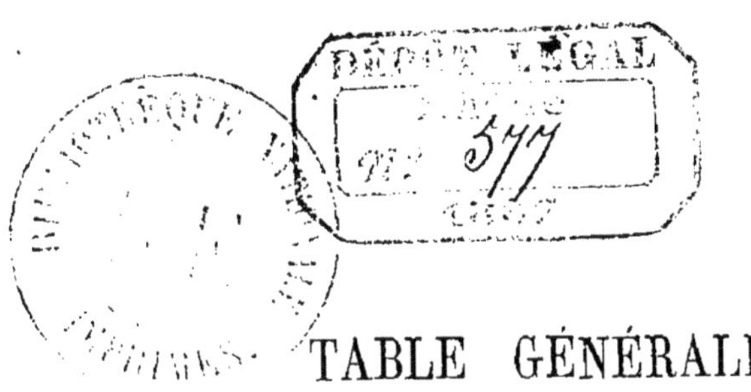

# TABLE GÉNÉRALE

## DES QUATORZE VOLUMES

## A

Abbadie, VI, 456.
Abstinence, IV, 43.
Abus, I, 282, 366.
Académies, VIII, 167, 307; XIV, 322.
Action divine et liberté humaine, IV, 275.
Adrastée, V, 433.
Adresse aux Allobroges, VII, 162.
Adresse de quelques parents des militaires savoisiens, VII, 146.
Adresse du maire de Montagnoles, VII, 352.
Adrien IV, II, 285.
Aguesseau (d'), III, 176, 177.
Albigeois, III, 289.
Alchimiste, VI, 69.
Alcibiade, V, 387.
Alcoran, I, 361; II, 369, 440, 443.
Alembert (d'), II. 419.
Alexandre le Grand, V, 390.
Alexandre VI, II, 307, 382
Alexandre VIII, III, 123.
Alexandre Ier, empereur de Russie, VIII, 456, 460, 516, 519; IX, 194, 246, 248, 325, 346, 456, 464, 481, 513; X, 1, 13, 28 et suiv., 49, 56, 80, 120, 123, 144, 175, 177, 219, 222, 295, 302, 347, 366, 409 451, 461; XI, 5, 83, 92, 120, 137, 149 et suiv., 155, 165, 236, 238, 242, 252, 274, 291. 372, 407, 514; XII, 13, 33, 34, 35, 50, 75, 81, 172; XIII, 19, 179, 205, 208, 290, 312, 337, 348, 360, 384, 427, 430, 443, 445, 484; XIV, 18, 57, 72, 185, 342, 357.
Alfieri, XI, 263, 265.

Allemagne, I, 276 ; X, 188.
Allemand, X, 176, 459, XIV, 56.
Alliance (Sainte-), XIV, 3, 330.
Alliés et les cent-jours, XIII, 50.
Alopeus, XI, 219.
Alpes, IX, 133, 165.
Ambassadeur persan, XIII, 91, 95, 141, 213, 340.
Ame et vie, V, 285.
Ame et sang, V, 295.
Ame humaine, VI, 277 et suiv.
Ames (les deux), V, 432.
Ames des morts, V, 418.
Américains, I, 87, 218.
Ampoule (sainte), I, 268.
Amyot, V, 371.
Ancien régime, VII, 152 ; IX, 50, 58, 74, 87, 114, 164, 168, 257, 309, 326.
Anglais et Angleterre, I, 83, 90, 98, 135. 155, 193, 199, 204, 213, 240, 246, 276, 350, 353, 372, 497, 546 ; II, 171, 178, 183, 324, 387, 455, 516, 519, 522 ; III, 355, 356, 359, 381, 383, 390, 393 ; IX, 97, 328, 343, 425, 433, 453, 496 ; X, 5, 47, 65, 68, 103, 177, 198, 213, 215, 222, 236, 336, 352, 376, 422, 475, 479, 482, 524, 528 ; XI, 2, 6, 17, 28, 71, 98, 182, 231, 276, 320 ; XII, 378 ; XIII, 134, 137, 141 ; XIV, 214, 232, 305, 307.
Animal, XIV, 139.
Animal antédiluvien, X, 500.
Annates, III, 243.
Antipodes, VI, 464.
Apocalypse, II, 69, 329.
Apologétique, XIV, 370.
Appel au futur concile, II, 11, 158, 157.
Appel comme d'abus, III, 267.
Arabes, I, 343, 538, 546.
Araktcheief, général russe, XI, 38, 41, 59, 117, 249, 282, 294 ; XIII, 273, 462.
Aranda (d'), XI, 16.
Arc-en-ciel, VI, 46 et suiv.
Archevêque catholique de Mohiloff, VIII, 509. (Voir Siestrencewicz.)
Architecture, VI, 484.
Arioste, X, 527.
Aristocratie, I, 430, 432, 434, 452, 474 ; II, 439 ; XIV, 290.
Aristote, III, 45 ; VI, 5, 11, 20, 21, 35, 42, 299, 303 ; XIV, 138.
Arius, II, 466.
Armée, I, 17, 130 ; XI, 415 ; XIV, 23, 24.
Armée russe, XIV, 1.
Armfeld, XII, 2.
Arnaud, III ; 29, 35.
Articles (les trente-neuf) de l'Eglise anglicane, II, 517.
Articles (les quatre) de l'Eglise gallicane, XI, 404 ; XIV, 126. (Voir Eglise gallicane et déclaration de 1682.)
Art militaire, XIV, 23.
Arts, I, 528, 531 ; VI, 476, 477 ; VII, 531.
Asie, VI, 461.
Assemblées, VII, 196 ; XIV, 321.
Assemblée constituante, I, 214 et suiv., 256, 360.
Assemblée législative, I, 300.

Assemblée nationale, IX, 10, 11.
Assemblée nationale des Allobroges, VII, 47, 78.
Assemblées primaires en Savoie, VII, 97.
Assignats, VII, 178.
Astronomie, VI, 71, 454, 455, 472.
Athée, VI, 414.
Athènes, I 486, ; II, 489, 490 ; III, 82, 83.
Ausperg, X, 21.
Augustin (saint), II, 38 ; III, 167 ; XI, 422.
Augustiniens et Jansénistes, III. 222.
Austerlitz (bataille d'), IX, 496 ; X, 16, 25 à 35, 48, 49, 64, 70, 78, 224.
Autorité, I, 109.
Autorité du père de famille, VII, 208.
Autriche, IX, 71, 90, 133, 134, 138, 140, 144, 149, 165, 205, 211, 250, 297, 307, 337, 455, 473, 502 ; X, 5, 16, 19, 22, 23, 24, 32, 38, 79, 102, 149, 161, 162, 192, 197, 198, 224, 330, 341, 343, 364, 399, 419 ; XI, 114, 209, 213, 216, 221, 262, 272, 285, 348, 384, 404, 444, ; XII, 43, 79, 117 et suiv., 134, 144, 196, 261, 329, 377, 388, 393, 397 ; XIII, 31, 199, 259, 318, 328, 341, 373, 433 ; XIV, 214.
Avaray (comte d'), IX, 207, 232, 261, 266 ; X, 360, 432, 447 ; XI, 65, 66, 85, 491.
Avenir, V. 233.
Avocat des pauvres, VII, 203.
Avrigny (d'), III, 110.
Azyme, II, 151.

## B

Babel, I, 369 ; V, 168.
Babylone, I, 531.
Bacon, II, 336, 490 ; IV, 256, 267 ; VI, 1 et suiv., 43, 488, 511, 519, 521 ; XIV, 38.
Bagration, général russe, X, 20, 21 ; XII, 289, 330, 360 ; XI 177, 218.
Bailly, I, 13 ; X, 502.
Balle nouvelle, XII, 6, 14 : XIII, 347.
Baptême, II, 150 ; VIII, 428.
Barbare et sauvage, IV, 84.
Barclay, général russe, XII, 177, 202, 208, 214.
Barral, archevèque de Tours, II, 113 ; III, 275.
Bataille, V, 30.
Bateau à vapeur, XIV, 43.
Bausset, histoire de Fénelon, XII, 470 ; histoire de Bossuet, III, 281 ; XIII, 187, 438.
Bavière, X, 111.
Bayle, I, 304.
Beau idéal, I, 278 ; VI, 480, 481, 482.
Beattie, II, 173.
Beaumont (Christophe de), archevêque de Paris, II, 389.

Bellarmin, I, 389; II, 48, 266; XII, 432.
Bénédiction des eaux sur la Néva, XI, 23.
Bénéfices, II, 227, 229; VII, 165.
Benningsen, général russe, X, 288, 297, 317, 320, 332, 349, 350, 361, 394, 408, 413, 427, 458; XII, 112, 150, 177, 209, 362.
Bercastel, II, 109.
Bérésina (passage de la), XII, 337.
Bergier, II, XVIII, 21; XII, 367.
Bernadotte, XI, 473, 496, 529; XII, 84, 90.
Bernard (saint), II, XXVIII, 9.
Berne, I, 458.
Berry (duc de), assassinat, XIV, 213.
Berthier, II, 350.
Bezerra, ministre de Portugal, XII, 18.
Bible, I, 361.
Bibliothèque britannique, II, 330.
Bienfaisance et charité, VII, 415.
Bienfaits de la Révolution française, VII, 385, et suiv.
Biens et maux, IV, 19.
Biens nationnaux, I, 137; X 328; XIII, 100, 103, 435; XIV, 73, 74, 75, 307, 311.
Bigoterie, II, 321.
Bingham, II, 449.
Blacas (comte de), X, 372, 404; XI, 18, 65, 85, 87, 92, 120, 122; XII, 19, 427; XIV, 87, 171.
Black, VI, 61.
Boileau, III, 28, 33.
Bonald, II, 436; XII, 124, 437, 466, 477; XIV, 93, 109, 112, 137, 158, 159, 166, 190, 213, 245, 299, 328, 336, 339 356.
Bonaparte (voir Napoléon) X, 7, 26, 27, 30, 35, 44, 73, 95, 142, 150, 151, 178, 185, 186, 196, 202, 203, 217, 218 229, 238, 239, 244, 245, 249, 288, 293, 324, 329, 334, 340, 378, 380, 381, 390, 391, 394, 409, 416, 432, 434, 436, 451, 453, 462, 465, 468, 469, 548; XI, 44, 59, 72, 73, 74, 115, 149, 156, 179, 195, 243, 272, 283, 315, 317, 329, 341, 345, 353, 390, 391; XII, 395, 436; XIV, 290, 291, 304, 314.
Bonheur et vertu, IV, 27, 165.
Boniface VIII, XII, 40.
Borghèse et la terre de Lucédio, XIII, 230, 266, 270, 341, 366, 442, 459.
Borgia (cardinal) et les missions de Pékin, II, 328.
Borodino (bataille de), XII, 216 et suiv., 255.
Bossuet, I, 8, 254; II, 9, 34, 55, 61, 82, 87, 88, 90, 101, 103, 117, 140, 196, 321, 322, 349, 390; III, 97, 102, 104, 116, 121, 127, 143, 148, 149, 151 et suiv., 168, 171, 175, 179, 180, 184, 186, 188, 189, 190, 191, 205, 212, 215, 216, 218, 220, 223, 228, 231 et suiv., 246, 249 et suiv., 262, 270; VI, 456; VIII, 13, 15, 16; X, 347; XIII, 187; XIV, 124, 178.

Boulogne (Mgr de), évêque de Troyes, XIV, 231.
Bourbons, II, XXXI; X, 188, 238, 547; XI, 184, 323, 490, 491; XII, 11, 61; XIV, 68.
Bourdaloue, I, 274; II, XXVIII, 116; III, 29, 34, 53, 211.
Bourreau, IV, 31; Bourreau et soldat, V, 3.
Boyle, VI, 4, 6.
Brunswick (duc), X, 57, 58, 62, 68, 229, 230.
Bruyère (la), III, 28, 33.
Buchanan, II, XXXVI, 324, 330, 344.
Budberg ministre russe, X, 158, 184, 344, 345, 360, 457.
Buffon, VI, 407, 408, 438, 472; VII, 333; X, 502; XIV, 114.
Bulle, II, 21.
Bulle d'Alexandre VI, *Inter cœtera*, II, 306.
Bulle *In cœna domini*, II, 308.
Burke, II, 301, 309; IX, 11.
Byzance, II, 496.

## C

Calvaire, V, 349.
Calvin, II, 63.
Calvinisme, III, 3, 25; VIII, 211, 217, 310, 318.
Calvinistes et luthériens, VIII, 476.
Campian, III, 360.
Canons, II, 90, 99; III, 121, 122.
Canossa, II, 231.
Capo d'Istria, XIII, 225, 270, 328, 462.
Caractère, III, 208; V, 388.
Caractère national, I, 547.
Carrières ouvertes au mérite, VII, 170, 173.
Cassandre, V, 390.
Catherine II, II, 322; XII, 65.
Catholicisme, VIII, 66, 133, 135, 320, 322, 487, 489, 490, 491, 493, 499; XIII, 79, 229.
Cattaro, X, 143.
Caulaincourt, ambassadeur français en Russie, X, 537, 546; XI, 3, 25, 58, 63, 83, 120, 159, 191, 199, 211, 252, 261, 313, 374, 536; XII, 9, 45.
Causes finales, VI, 388 et suiv.
Causes physiques, V, 254, 257.
Célibat des prêtres; II, 348, 367, 372, 401; XIV, 226.
Cent-jours, XIII, 53, 92, 96.
César, I, 302.
Chaise (P. de la), VIII, 19.
Chaldée, X, 504.
Chaldéens, I, 546.
Chambre de 1815, XIV, 311.
Chancelier, I, 298.
Charité, V, 465.
Charlemagne, I, 191, 445; II, 102, 203, 300; V, 452.
Charles II, roi d'Angleterre, I, 103.
Charles Emmanuel, VII, 180.
Charles-Quint, III, 311.

Charles XI, roi de Suède, vision, XI, 260.
Charles (l'archiduc), X, 38, 64, 69, 102, 331.
Charte de 1814, XIII, 244, 434; XIV, 168, 342.
Chateaubriand, XIV, 242, 356.
Châtiments divins, IV, 228, 234.
Chevalerie, I, 84.
Chevalier et prêtre, V, 254.
Chiffre diplomatique, IX, 393; XI, 432.
Chimie, X, 181.
Chine, II, 223, 329, 357, 363; III, 319; X, 97; XIV, 120.
Choiseul, XI, 16.
Christianisme, I, 62; II, 16, 17, 526; VIII, 279, 284, 486, 512; XIII, 220, 224.
Christianisme universel, XIV, 25.
Chronologie, VIII, 91, 101.
Chronos, X, 504.
Cicéron, II, XXVI, 134, 135, 493; XI, 422.
Cimon, V, 387, 453.
Citoyen, I, 53, 91.
Classiques païens, VI, 474.
Clément XI, III, 120, 123.
Clergé, XIV, 164.
Clergé français, I, 22 et suiv.; II, 24, 397; III, 230, 238, 273, 277 et suiv., 280; V, 254.
Clergé latin et clergé russe, VIII, 286.
Clergé protestant, II, 384, 392.
Clergé savoisien, VII, 164, 169.
Coalition, IX, 76, 78, 130, 440; XIII, 312.
Cobbett, II, 388.
Colbert, III, 102.
Colonies militaires, XIII, 345, 429, 443.
Comédiens, V, 456; XIV, 263.
Commerce, liberté et protection, XIII, 108.
Communion, V, 175, 358.
Communion des bons, XIV, 183.
Conciles, II, 13, 14, 15, 19, 20, 21, 22, 23, 126; III, 258; VIII, 413.
Concile de Constance, II, 93.
Concile de Paris, XI, 460.
Concile de Trente, II, 479; III, 7.
Concordat, XII, 471; XIII, 186.
Condé, III, 34.
Condillac, VI, 7, 8, 20, 59, 105; XIV, 114, 138.
Condorcet, VIII, 91.
Confession, II, 348, 349.
Congrès de Vienne, XIII, 21, 51.
Connétable, I, 298.
Conquête, VII, 68.
Conseil de Castille, III, 305.
Consentement universel, VI, 270.
Considérations sur la France, XI, 194; XII, 461; XIV, 203.
Constantin, II, XXXI, donation, 194.
Constitutions politiques, I, 67, 81, 89, 92, 104, 235, 244, 262, 265, 267, 344, 373; XII, 420.
Constitution de la Pologne, XIII, 322.
Constitution espagnole, XII, 251.

Constitutions royales, VII, 207.
Constitution russe, XII, 31, 52.
Continence, II, 352.
Contrat social, I, 329; VII, 283.
Contre-révolution, I, 115, 122, 126, 157; XIV, 148.
Controversistes catholiques, II, 29, 30.
Convention, VII, 124.
Convention chrétienne de 1885, XIII, 162, 166, 210, 219, 221, 223, 267, 287, 290 291, 293, 295, 399.
Conversion, II, 481; XIII, 119, 218, 293, 332.
Copernic, VI, 466; X, 438.
Coquins, XI, 248.
Cosaques, X, 386; XII, 287.
Cosmogonie, VI, 116 et suiv.
Costa de Beauregard, VII, 232 et suiv.; IX, 61; XIII, 392, 439.
Costumes, I, 84.
Cour et Magistrature, XI, 386.
Crime et justice humaine, IV, 28.
Crime et science, IV, 72.
Crime et succès, IV, 176.
Croisades, II, XXVIII, 434, 435; XIV, 180.
Curés constitutionnels, VII, 363.
Curés révolutionnaires, III, 238.
Curiosité et superstition, V, 195.
Cyprien (saint), II, 38.
Cyrille et Méthode (saints), II, 426.
Czartoryski, IX, 234, 248, 417, 456; X, 40, 104, 138, 139, 144, 184, 348, 363, 370; XI, 296, 491.

## D

Danemark, X, 475, 476, 517.
Dante, II, 543.
Daunou, conventionnel, VII, 390
David et Pindare, V, 46.
Décadence des nations, I, 549, 550.
Decaze, XIV, 333.
Déclaration de 1682, I, 254; III, 101, 105, 123, 126, 127, 139 et suiv., 157 et suiv., 192, 193, 194, 221, 230; XI, 404; XII, 430, 436; XIV, 126.
Découvertes, VI, 54 et suiv.
*Defenseur (le)*, revue, XIV, 363, 367.
Dégradation de l'homme, V, 284.
Déluge, IV, 72; VIII, 107, 121; X, 498.
Démocratie, I, 464, 495.
Démosthène, II, 307.
Deplace, XIV, 150, 152, 175, 188, 196, 216, 219, 238, 248.
Descartes, III, 57; VI, 8, 34, 67, 132, 455.
Désordre, V, 102.
Despotisme, I, 423, 448, 449.
Despréaux (Boileau), III, 28, 33,
Destruction des êtres vivants, V, 22.

Dévoué, V, 308.
Dévouement, I, 38.
*Dicere*, V, 446.
Dieu, V, 92; VI, 252 et s., 393.
Dieu des armées, V, 21.
Dieu et l'homme, IV, 201.
Dieu (idée de), VI, 267, 268.
Dieu, lieu des esprits, V, 170.
Dieu, Père, V, 40.
Dîmes, VII, 368.
Dîner militaire, XIII, 311.
Discipline nationale, II, 154, 157, 158.
Discours du citoyen Cherchemot, VII, 368.
Discours pour la rentrée du roi de Sardaigne dans ses États, VIII, 451.
Division, V, 162, 168.
Doctorof, général russe, XII, 273.
Dogme, I, 374 ; II, 348 ; VIII, 140, 512.
Dogme national, XIV, 361.
Dogmes de la Révolution, VII, 89, 104, 107.
Dogmes fondamentaux, XIII, 222, 290.
Dolgorouki (prince Michel), XI, 158.
Dominicains, III, 305, 306.
Dominique (saint), III, 288.
Douanes, XIII, 108.
Douchoborzi (secte russe), XIV, 61, 62.
Douleur et crime, IV, 159.
Doute, XIII, 121, 123.
Doute cartésien, VI, 8.
Drapeau, I, 298.
Droit, XIII, 173.
Droit canonique, II, 313 et suiv.
Droit de grâce, III, 342.
Droit de résistance, II, 182.
Droit des papes, II, 181,
Droit romain, I, 422.
Droits de l'homme, I, 218.
Droits du roi, I, 445.
Dumouriez, I, 394.
Dupin, III, 245.
Dupuis, III, 178 ; X, 502.
Dynasties, IX, 192 ; XIII, 140.

## E

Echarpe, I, 84.
Ecriture, I, 254 et suiv., 258 ; II, 131 ; XIV, 139.
Ecriture chinoise, XIV, 120.
Ecriture sainte, V, 229, 255.
Ecrivains et langue, IV, 104.
Edgeworth (l'abbé), X, 405.
Education, I, 275, 277, 380 et suiv. ; IV, 163 ; VII, 237, 238, 240, 242, 459 ; VIII, 163 et suiv.; XI, 519.
Eglise, I, 253 ; II, 2, 3, 9, 15, 16, 84, 455, 498, 511, 538 ; III, 298, 304 ; VIII, 143, 144, 149, 410 et suiv., 414, 418, 444, 498 ; XII, 433, 434 ; XIII, 124, 472 ; XIV, 229.
Eglise anglicane, I, 23 ; II, 516 et suiv., 520.
Eglise gallicane, I, 25 ; II, 24, 141, 142; III, 1; XII, 430, 469 et suiv.; XIII, 187; XIV, 109, 207, 225
Eglise photienne, II, 24, 374,

443, 451, 478, 497; XIII, 125.
Eglise presbytérienne, II, 5,
Eglise russe, II, 79; VIII, 417, 418, 424, 441, 495, 500.
Eglises séparées, II, 467, 530.
Egypte, I, 531, 534; II, 500; VI, 460; X, 337; XI, 519.
Electeurs, II, 282.
Elections, XIV, 311.
Elisabeth, III, 360.
Eloquence, I, 194.
Emigrés, I, 146, 152; VII, 72; IX, 50, 66, 69; XII, 450, 452; XIV, 73, 307.
Empereurs allemands, II, 299.
Empereurs grecs, II, 198.
Empereurs romains, I, 439.
Empire et restauration, XIII, 68.
Empire et sacerdoce, I, 331; II, 413.
Empire romain, II, 469.
Encens, VI, 498.
Encyclopédie, I, 216,
Enfants punis ou récompensés pour les fautes ou les mérites de leurs pères, V, 407, 419.
Enfer, V, 402, 434, 441, 442, 459, 466.
Enghien (duc d'), IX, 156; X, 437.
Ennemi, V, 308.
Enthymème, VI, 16.
Episcopat français, XIII, 186.
Epithètes, I, 293.
Erfurt (entrevue d'), XI, 149 et suiv.
Erreur, IV, 349; V, 326, 376.
Esclavage, II, 339 et suiv., 346.
Escobar, III, 210.
Eslingen (bataille d') en 1815, II, 291.
Espagne, I, 536; III, 296, 325, 326, 329, 345, 346, 347, 353, 355, 393; IX, 251, 255, 314; X, 179, 197, 352, 540; XI, 16, 69, 79, 92 et suiv., 114, 123, 130, 160, 178, 179, 221, 238, 281, 287, 315, et suiv., 489; XII, 37, 47, 78; XIV, 22, 215.
Espérance, III, 273.
Esprit des lois, VI, 56.
Esprit révolutionnaire, XIII, 112.
Essai sur le principe générateur, XIII, 35, 41, 45, 190.
Essai sur les institutions humaines, XIV, 227.
Essai sur l'indifférence, XIV, 228, 234, 236, 245.
Essences, VI, 100 et suiv.
Etat de nature, I, 318, 321.
Etat du monde en 1807, X, 470, 471.
Etat militaire, XIII, 365.
Etats généraux, I, 93, 94, 182.
Etats (origine), I, 267, 269.
Etiquette, VII, 176.
Etoiles, VI, 491.
Etranger, V, 308.
Etude des langues, VIII, 187.
Etudes, VIII, 175, 179, 300.
Etudes (Plan de Fessler), VIII, 233.
Eucharistie, VIII, 429.
Euler, VI, 17.
Europe, II, 512; XIV, 346.

Europe et science, V, 186; XIII, 175.
Européens, I, 442; II, 527.
Evangile, I, 249; VI, 461.
Evénements, V, 231, 236.
Evêque constitutionnel du Mont Blanc, VII, 362.
Evêques, III, 140, 148, 163.
Excommunication, II, 187, 300.
Expérience, VI, 21, 54 et suiv., 177 et suiv.
Eylau (bataille), X, 322, 340, 381, 390.

# F

Fables, I, 331.
Factions, III, 206.
Famille, V, 165.
Famille et guerre, V, 348.
Femme, II, 344, 376, 377; V, 320; VI, 479, VII, 208; IX, 301; XII, 302.
Femme et chef-d'œuvre, XI, 143, 146.
Femmes savantes, XI, 267.
Fénelon, II, 144, 164, 249; III, 72, 81, 176, 191, 219, 225 et suiv., 270; VI, 456.
Féodalité, I, 44.
Ferdinand (Archiduc), X, 24, 40, 102.
Ferrand, II, 214, 216, 243, 247, 248, 300, 303, 306, 308, 431.
Fessler, VIII, 244, 255 et suiv., XI, 521; XII. 39.
Fêtes, I, 59.
Fête séculaire des protestants, VIII, 472.
Feu, VI, 69, 71; X, 181; XIV, 139.
Feu (peine du), III, 322 et suiv.
Fiefs, VII, 192.
*Filioque*, II, 461.
Finlande, XI, 30, 61, 82, 131, 188, 301.
Flageac (de), XII, 345.
Fléaux matériels, IV, 222.
Fleury, II, 7, 43, 57, 230; III, 15; XII, 430, 471; XIII, 122.
Flux et reflux, VI, 137, et suiv.
Foi, I, 377; II, 9; V, 240; XIV, 276, 314.
Folie incurable, II, 480.
Fondateur, I, 342.
Fontanes (de), X, 435; XII, 469.
Fox, X, 65, 119, 135, 143, 173.
Français et France, I, 8, 16, 19, 24, 27, 85, 86, 89, 92, 99, 107, 126, 136, 187, 206, 444, 445, 527, 546, 551; II, xxiv, xxvi, 172, 287; III, 258; IV, 377; VII, 141, 332; IX, 69, 73, 76, 126; X, 124, 135, 161, 177, 220 et suiv., 238, 249, 352, 377, 406, 436; XI, 93, 183, 230, 252, 506, 520, 525, 535; XII, 11, 30, 110, 236, 380, 428, 467; XIII, 38, 60, 133, 156, 158, 169, 449; XIV, 21, 68, 91, 148, 156,

157, 160, 163, 164, 167, 168, 169, 205, 215, 270, 286, 302, 303, 305, 307, 314, 321, 333, 334, 337, 338, 343, 344, 346, 350, 353, 355.
France monarchique et non républicaine, I, 253.
Français et religion, XII, 306,
France (rois de), I, 92, 96, 97, 206.
Française (langue), XIV, 114,
Franc-maçonnerie, VI, 73 ; VIII, 325, ; IX, 59 ; X, 27, 189, 302 ; XI, 471 ; XII, 26, 42 ; XIV, 170, 340, 353.
François de Sales (saint), II, 49.
François II, emp. d'Allemagne, X, 112, 189.
Frédéric Ier, roi de Prusse, II, 229, 244.
Frédéric II, roi de Prusse, dit le Grand, I, 359, 390, 394, 402, 406 ; II, 11, 264, 269, 288, 289 ; III, 209 ; VIII, 337 ; X, 215, 434, 459 ; XI, 16, 39, 445, 446 ; XII, 77, 133.
Frères de Saint-Jean-de-Dieu, XIII, 362.
Friedland, X, 398, 404, 423, 425.
Fualdès, XIV, 340.

## G

Gabriac (de), XIV, 341.
Gagarin, X, 93.
Galilée, VI, 61, 463, 464, 466, 467.
Galitzin, XI, 154, 290 ; XII, 81, 102 ; XIII, 79, 82, 150, 166, 190, 228, 338.
Gallicans (voir Église gallicane).
Gassendi, VI, 40.
Gaudence (saint), II, 38.
Gaulois, XII, 302.
Généalogie des nations, I, 342.
Gênes, I, 462 ; XIII, 20, 32.
Genève, I, 327 ; XIII, 262 ; XIV, 50, 63, 64, 222, 232.
Génie, I, 192, 344 ; III, 34 ; IV, 91 ; VI, 25, 54 et suiv., 56, 58, 59, 392, 515.
Germains, I, 440.
Gibbon, I, 276 ; II, xxv, 88, 89, 391 ; III, 374,
Gœthe, XIV, 9.
Goltz, ambassadeur de Prusse, IX, 434 ; X, 247, 249.
Gouvernement, I, 214, ,328 351, 489 ; VII, 205.
Gouvernement de l'Église, II, 6, 34, 474.
Gouvernement et emplois, IV, 178.
Gouvernement féodal, I, 44 ; II, 234.
Gouvernement militaire, VII, 146 ; IX, 258, 312, 418.
Gouvernement pontifical, XIV, 134.
Gouvernement représentatif, I, 44 ; XIV, 316, 355.
Gouvion Saint-Cyr, XII, 285.

Grades russes, XII, 267.
Grammaire, III, 51.
Grammaire de Port-Royal, III, 44 et suiv.
Grandeur, I, 259.
Grands hommes, I, 477.
Grèce, X, 281.
Grecs, I, 212, 343 ; II, 482, 484, 493 et suiv., 508.
Grecque (langue), V, 371.
Grégoire (saint) de Nysse, II, 39.
Grégoire, député, XIV, 347.
Grégoire (saint) le grand, II, 198.
Grégoire VII, I, 261 ; II, 230, 231, 235, 237, 297.
Grégoire IX, II, 289.
Grotius, II, 63 ; XII, 474.
Gruber, général des jésuites, IX, 388 ; XIII, 337.
Guelfes et Gibelins, II, 241, 296.
Guerre I, 28, 29, 35, 85 ; II, 205, 206, 241, 285, 294 ; V, 2, 26, 348.
Guerre de 1812, XII, 146 et suiv., 167 et suiv.
Guise, XI, 227.
Gustave, roi de Suède (voir Suède et roi de Suède).

H

Haller, XI, 144 ; XII, 474 ; XIV, 211, 233, 243, 253.
Hardenberg, X, 395.
Hasàrd, I, 147, 149.
Haugwitz, X, 18, 39, 43, 45, 58, 62, 68, 78, 94, 109, 202, 249, 395.
Hébreu, I, 343.
Heinsius, II, 161.
Henri IV, XI, 324.
Herder, III, 380.
Hérédité de la gloire et de l'infamie, V, 161.
Heyne, II, 353.
Hiérarchie, VIII, 142.
Hobbes, II, 296 ; III, 22.
Hollandais, X, 380.
Homme, VI, 60, 389, 391 ; VII, 528, 549, 589.
Homme (l') avec Dieu et sans Dieu, I, 285.
Homme, image de Dieu, VI, 493.
Homme (l' honnête) ne change pas de religion, VIII, 129, 132.
Hommes (deux) dans le même homme, IV, 166.
Honorius, II, 123.
Huet, III, 225.
Hulin, X, 240.
Hume, I, 158 ; II, 28, 413 ; III, 359, 374, 386, 387 ; VI, 473, 474.
Hutchinson, X, 476.
Hypocrites, V, 441.

# I

Idée de Dieu, V, 129.
Idées innées ou originelles, IV, 107, 247, 250, VI, 10, 24, 37 et suiv., 60, 265, 266.
Idolâtrie, abus de la science, V, 129.
Iéna (bataille), X, 226.
Illuminisme, V, 228 ; VIII, 325, 329, 330, 333, 335; XII, 73; XIII, 220, 290, 329.
Images, VI, 483.
Immortalité de l'âme; V, 401, 415, 462.
Impiété, I, 302, 304 et suiv.; V, 326.
Incarnation, II, 358.
Index, XIII, 121.
Induction, VI, 2 et suiv., 11, 14.
Indulgences, V, 207 et suiv.
Infaillibilité, II, 2, 112, 129, 146, 148, 158.
Innocent (nul n'est), IV, 185.
Innocents et fléaux, IV, 224.
Innocent XI, II, 302; III, 96, 98.
Inquisition, III, 241, 287 et suiv., 394; VI, 467.
Institutions, I, 285, 299; III, 401.
Instruction publique, VII, 466.
Intelligence, VI, 252 et suiv.
Inventeurs, V, 181.
Inventions, VI, 52.
Investitures, II, 226, 227.
Irénée (saint), II, 37.
Isis, X, 506.
Italie, I, 326; II, 237; XII, 412; XIV, 257.

# J

Jacques II, ses mémoires, XIV, 347.
Jansénistes, I, 393; III, 7, 12, 85, 86, 204, 220, 221, 278; XI, 284, 402; XII, 17, 429.
Jeanne d'Arc, I, 118.
Jérôme (saint), II, 194, 401.
Jésuites, I, 58, 273, 388, 399; III, 13, 34, 40, 47 et suiv., 52, 61, 70, 81, 86, 109, 162, 203, 205 et suiv., 214; VI, 459, 473; VIII, 199, 206, 208, 211, 215, 225, 227, 269, 272; XI, 261, 349, 431, 522; XII, 73, 76, 92, 127, 140, 145; XIII, 167, 202, 205, 207, 208, 212, 216, 217, 228, 257, 311, 335, 337, 348, 360, 382, 389, 424, 425, 430, 477; XIV, 8, 29, 84, 95, 96, 141, 306, 358.
Jésus-Christ, VI, 477, 478.
Jeunesse et jeunes gens, VIII, 185, 190, 270; X, 116.
Jeunesse des nations, II, 29.

Jeux olympiques, I, 288.
Jones (William), II, 189, 323, 419; VIII, 121.
Joseph II, XI, 16; XII, 175.
Judaïsme, V, 142.
Juifs, I, 266, 378; III, 291; VIII, 336, 341, 345; X, 266, XIV, 312.
Jules II, II, 206, 208.
Julien l'apostat, I, 64, 359.
Juridiction éclésiastique, II, 299.
Juste, IV, 181, 191.
Justice divine, V, 376.
Justice humaine, IV, 28.

## K

Kamenski, X, 138, 145, 152, 186, 192, 235, 246, 253, 254, 278, 288, 290, 301; XI, 288.
Kamenski, fils, XI, 414; XII, 15.
Kaunitz, X, 111; XI, 16,
Kant, VI, 8, 9, 275, 440; VIII, 240, 254.
Képler, I, 546, VI, 34, 466.
Klopstock, II, 543; XIV, 211.
Knout, X, 268.
Korlowsky, XII, 114, 269.
Kourakin, X, 254; XI, 156, 177; XII, 9.
Kremlin, XII, 278, 295, 305.
Krusemarck, X, 195.
Kusbeldorff, X, 194.
Kutusof, X, 20, 21, 38, 72, 291; XII, 180, 181, 201, 202, 215, 216, 222; XII, 232, 256, 263, 276, 302, 308, 310, 313.

## L

Lamartine, XIV, 362.
Lamennais, XIV, 165, 224, 234, 365, 366.
Langue française, I, 25, 192; II, 133; IV, 125; VI, 74; VII, 139; XIV, 114.
Langue grecque, VI, 38.
Langues, I, 287, 301, 342; II, xxv; IV, 91, 96, 99, 104; XIV, 114, 139, 259.
Langues anciennes, VII, 445.
Langue latine, I, 343; II, 160, 163; III, 40; XI, 142.
Langues sauvages, V, 65.
Langue universelle, IV, 125.
Laocoon, VI, 478.
Lasalle, traducteur de Bacon, VI, 508, 509.
Lauriston, ambasasdeur français, XII, 28, 46, 108, 263.
Laval (de), chambellan de Napoléon, XI, 100.
Lavardin, II, 302.
Lebon, I, 415.
Législateur, I, 83, 292 333, 338, 346, 553; VIII, 3.
Leibnitz, II, 110, 266, 267, 335; III, 54; VI, 501; XIV, 304. (Systema theologicum, XII, 474); XIII, 27; XIV, 115.

Lenglet-Dufresnoi, II, 285.
Léon (saint) le Grand, II, 196.
Léon IV, II, 434.
Léon X, III, 244.
Lépante, II, 437.
Lépreux d'Aoste, XIV, 103.
Lessius, XIV, 123.
Lettres (épitres), IX, 512.
Lettres (décadence et Port-Royal), III, 42.
Lettres d'un royaliste savoisien, VII, 35 et suiv.
Lettres provinciales, VII, 325.
Lettres sur l'éducation en Russie, VIII, 163.
Libère, II, 116, 117.
Liberté, I, 95, 98, 124, 357, 525; III, 252 ; XIV, 167.
Liberté civile, II, 171.
Liberté de l'enseignement, VIII, 267 et suiv.
Liberté des cultes, XIII, 192.
Liberté de commerce, XIII, 127, 131, 451.
Liberté humaine et action divine, IV, 275.
Libertés gallicanes, II, 246 ; III, 236 et suiv., 257, 260, 261.
Liéven, XI, 410.
Ligue, VIII, 71.
Ligue italique, XIII, 400.
Linnée, VI, 407.
Lithographie, XIV, 41.
Litta et les quatre articles, XIV, 368.
Livres, I, 476; IV, 365; VII, 342; XIV, 116, 140.
Locke, III, 24 ; IV, 377 et suiv.
Logique de Port-Royal, III, 44.
Lois, I, 77; II, 176, 253; VII, 147, 153, 208, 214.
Loi salique, I, 235,
Lois de la nature et êtres libres, IV, 220.
Lois de la nature et la prière, IV, 211.
Lois écrites, I, 347, 370.
Lois générales, IV, 25.
Lombard, agent de la Prusse, X, 39, 44, 46, 78, 234, 241, 249, 395.
Louis IX (saint), II, 269 ; III, 301.
Louis XI, I, 94; X, 110.
Louis XII, II, 208.
Louis XIV, I, 94, 198, 274, 477, 530, 551; III, 76, 81, 82, 89, 119, 120, 129, 130, 132, 134, 138, 147, 148, 157, 162, 173, 178, 179, 182, 183, 200, 204, 212, 223, 226, 229, 239, 240, 270, 271 ; VIII, 79; X, 12, 110, 187, 221, 249, 347, 547; XI, 329, 350 ; XII, 32, 35, 210, 214, 431; XIV, 78, 192.
Louis XV, X, 221.
Louis XVI, I, 11 et suiv., 392; III, 87; V, 347; XIV, 349.
Louis XVIII, I, 100, 101 ; III, 272 ; IX, 118, 206, 207, 223, 229, 236, 237, 238, 263, 265, 267, 279, 285, 312, 351, 490, 497; X, 8, 9, 11, 75; XI, 18, 21, 65 et suiv., 73, 86, 92; XIII, 101, 117, 465, XIV, 205, 296, 313, 343.
Louis de Bavière, II, 292.
Luc (de), VI, 505 et suiv.

Lucain, II, 339.
Lucchesini, X, 251,
Lucrèce, I, 302.
Lumière, VI, 71.
Luther, II, 62, 189, 215, 216.
Lycurgue, I, 205, 336, 361.

# M

Macédoniens, II, 483.
Machiavel, I, 97; X, 112.
Mack, X, 24, 174, 478.
Magistrat, VII, 9, 26.
Magistrature et Cour, XI, 386.
Magnesky, XII, 105.
Mahomet, I, 345; II, 432 et suiv., 505.
Mahométan, I, 378.
Mahométisme et science, I, 547; III, 291.
Maimbourg, II, 229, 230, 294.
Maintenon, III, 227.
Maison royale de France, III, 271, 272.
Maison royale de Savoie, VII, 145, 174.
Maistre (Adèle de), X, 207, 392, 526, 543.
Maistre (Constance de), XIV, 100.
Maistre (Joseph de), IX, 5, 53, 57, 112, 335, 361, 397, 399, 462; X, 50, 86, 106, 130, 153, 156, 206, 209, 256 et suiv., 261, 264 et suiv., 271, 303, 386, 424, 430; XI, 8, 48, 49, 124, 142, 197, 202, 217, 245, 250, 293, 452; XII, 62, 63, 75, 81, (proposition de rédiger les écrits officiels d'Alexandre Ier, 91 et suiv.), (conversation avec Alexandre Ier 126 et suiv.), 158, 162, 229, 478, 494; XIII, 16, 23, 36, 83, 151, 155, 174, 185, 191, 204, 211, 216, 256, 277, 280, 315, 325, 383, 390, 414, 456, 464, 468, 470; XIV, 49, 101, 102, 105, 124, 145, 155, 159, 160, 172, 190, 191; 200, 201, 206, 208, 221 277.
Maistre (Joseph de), son projet d'entrevue avec Napoléon, X, 410, 484, 509, 518, 529, 533, 539; XI, 49, 100 à 112.
Maistre (Mme de), IX, 5, 54, 305; X, 206.
Maistre (Nicolas de), X, 129; XIV, 293.
Maistre (Rodolphe de), X, 116, 131, 181, 273, 274, 299, 307, 309, 311, 368, 384, 388, 449, 526; XI, 129, 367, 431, 501; XII, 107, 137, 155, 191, 225, 227, 243, 249, 251, 287, 424, 425.
Maistre (Xavier de), IX, 332; X, 404, 543; XI, 11, 336, 354, 464, 478, 530; XII, 15, 28, 108, 164, 345, 426; XIV, 103.
Majesté, II, 161, 221.
Majorité, XIV, 312.
Mal, peine et remède, IV, 285; V, 162, 422.

Maladies châtiments, IV, 61.
Maladies et vices, IV, 37.
Malheur et vertu, IV, 165.
Malebranche, III, 379; VI, 132, 452, 455.
Malte, X, 47, 58.
Malte (ordre de) aboli, XI, 397, 423.
Malthus, I, 227; II, 402; XIV, 246.
Manfredi, X, 183; XI, 340.
Mansi, II, 120.
Marcellus (comte de), XIV, 182, 207.
Mariages des princes du sang, I, 93; II, 151, 214, 221, 348, 373; V, 422.
Marie (la sainte Vierge), VI, 482.
Marie-Antonia, XI, 295; XII, 28.
Marmontel, II, 307.
Martinistes, VIII, 327, 329.
Martyrs, II, XIX; VI, 479.
Matière, V, 237.
Matière et principes des choses, VI, 332 et suiv.
Maures, I, 537.
Maury, VII, 501 et suiv.; XII, 18.
Maux et biens, IV, 19.
Méchant, IV, 181.
Médecine, I, 546.
Médiocre, III, 30.
Meerfeld, ambassadeur d'Autriche, X, 123, 125, 146, 175, 193, 197, 204, 364, 403, 536, 539; XI, 21, 120.
Mélanchthon, II, 62.
Méniate, évêque grec, II, 526.
Menou, X, 476, 478.
Mère et éducation, IV, 163.
Métaphysique, V, 181; VII, 38.
Météorologie, VI, 205 et suiv.
Méthode (saint), II, 426.
Méthode, arch. de Twer, II, 377, 426, 448, 449; VIII, 363-403.
Méthode de Bacon, VI, 77 et suiv.
Méthodes, VI, 41.
Metternich, XII, 197.
Michaud (le général), XI, 340; XII, 15, 232; XIII, 321.
Michel-Ange, II, 544; VI, 320.
Milan, II, 244.
Militaires, V, 14.
Miltiade, V, 387.
Milton, VII, 335.
Ministres du saint Evangile, II, 383, 394.
Ministres d'Etat, IX, 241; XIV, 313.
Miolans, prison d'Etat en Savoie, VII, 201.
Mirabeau, I, 7.
Missionnaires, I, 271; II, 321, 326, 331, 332, 343; XIV, 327.
Missionnaires protestants, II, 320, 331.
Mocenigo, XII, 2, 7, 38, 235, 238, 245.
Mœurs, I, 205; II, 224.
Moines, II, 346.
Moïse, I, 265; VIII, 102, 104, 123; X, 498, 508.
Molière, VI, 485.
Molina, III, 73.
Monarchie, I, 253, 424, 431, 437, 528, 531; II, 408; VII, 223; IX, 178; XIV, 290.

Monarchie chrétienne, XII, 48; XIII, 114.
Monarchie héréditaire, élective, I, 226.
Monde, V, 178, 451.
Monde physique, symbole du monde spirituel, XII, 466.
Monk, I, 156.
Monopole de l'Etat, VII, 267, 273.
Monothélisme, II, 125.
Montesquieu, II, 363; III, 317; VI, 458, 459; VIII, 73; XIV, 242.
Montucla, III, 55.
Morale relâchée, III, 207.
Mort, VII, 276; XIV, 282.
Mort éternelle, IV, 286.
Moscou (incendie de), XII, 231, 278, 295, 303, 341, 344; XIII, 365, 428.
Moutiers (comte de), IX, 332.
Mouvement, VI, 144 et suiv., 294 et suiv.
Moyen âge, X, 435.
Muldorf (bataille de), II, 291.
Muller, II, 70.
Murat, X, 21.
Muratori, II, 281, 284, 285, 287.
Musique, I, 296; VI, 475.

## N

Nadal, II, 355.
Napoléon, (voir Bonaparte), I, 233; III, 84, 192, 280; IX, 188, 300, 395, 425, 441; X, 111; XI, 93, 96, 97, 155, 165, 209, 232, 304, 380, 383, 405, 428, 433, 444, 460, 468, 475, 527, 528; XII, 42 et suiv., 46, 82, 86, 112, 133, 134, 147 et suiv., 169, 179, 192, 194, 206, 232, 241, 257, 262, 266, 273, 275, 283, 292, 293, 301, 307, 308, 317, 337; XIII, 40, 48, 57, 63, 73, 75, 99, 111, 168, 342, 448; XIV, 156, 279, 280.
Nations, I, 187, 325, 553; II, 169, 170; XI, 482; XII, 427.
Nation et religion, I, 187; IV, 312; XII, 427.
Nature, VII, 522, 525.
Navigateurs, I, 441.
Négociants, XIV, 166.
Néron, V, 444.
Neuville (le P. la), XIII, 217.
Néva, IV, 1 et suiv.; XI, 23.
Ney, XII, 312.
Newton, II, 419; III, 172; VI, 61, 132.
Nicolas (le grand-duc), XI, 519.
Nicole, II, 115; III, 29; VI, 456.
Nicole (l'abbé), XIV, 232.
Nihilisme, I, 306.
Noailles, XII, 347, 348, XIII, 128; XIV, 33.
Noblesse, I, 133, 137, 148 et suiv.; II, xxxiii, xxxiv, 439, 440; VII, 56, 172, 174, 225; VIII, 114; XIV, 164, 259.
Noblesse de Savoie, VII, 166, 169, 170, 225.

Noblesse russe, VIII, 294; XIV, 38.
Nom, I, 289, 291, 293; II, 467, 471, 472.
Nom de Dieu, VI, 108.
Nombre, V, 93 et suiv.
Nominaux, II, 85, 86.
Nostiz, X, 21.
Nouveautés, VI, 471.
Novosiltzof, X, 345, 348.
Nuit et jour, V, 57.
Nuit et prière, V, 60.
Numa, I, 363.

## O

Obstacle, VI, 471.
Odéon, I, 296.
Odoacre, II, 197.
Œuvre des jeunes gens, XIV, 325.
Œuvre des petits Savoyards, XIV, 325.
O' Mahony, XIV, 326.
Omar, I, 539.
Opposition, III, 6.
Optat de Milève, II, 37.
Optique, VI, 162 et suiv.
Oracles, V, 232.
Orateurs, I, 527.
Ordre du monde, VI, 388, 389, 490, 491, 495.
Ordres (les trois) en France, I, 93, 94, 182.
Organum (Novum), VI, 1 et s.
Orgueil et vanité, I, 216; II, 479.
Orientaux, I, 546.
Origine des idées, IV, 107.
Origine de la parole, IV, 107.
Orléans (duc d'), XI, 314, 490, XIII, 94, 100.
Orsi, II, 18, 110, 120; III, 165, 194.
Osiris, I, 272; X, 105.
Othon II, II, 244.
Othon IV, II, 288.
Oubril (d'), X, 166, 172, 173, 178, 183.
Oudinot, XII, 178, 285.
Outil de Dieu, I, 245.
Ovide, II, 365, 366, 541.

## P

Paganisme, V, 239, 335.
Panache, I, 84.
Panthéon, II, 540.
Papauté et papes, I, 360; II, 28, 34, 37, 55, 58, 62, 67, 71, 155, 156, 184, 187, 190, 191, 193, 199, 212, 213, 214, 226, 265, 266, 274, 276, 281, 300, 301, 303, 430, 442; III, 231, 232, 258, 269, 271, 300; VIII, 409; X, 95, 128; XI, 377, 445, 446, 460; XII, 412, 429, 432; XIII, 74, 123, 185; XIV, 194.

Pape (le livre du), XIV, 58, 109, 124, 176, 178, 196, 199, 203, 206, 211, 217, 218, 220, 221, 223, 225, 250, 253, 352, 360, 362, 365, 366.
Paracelse, I, 546.
Paradoxes (cinq), VII, 279 et suiv.
Paraguay, I, 271.
Pardo, XI, 57, 86, 159, 168, 193, 287.
Parents, influence physique et morale sur les enfants, V, 419.
Paris, XIV, 88, 93, 113, 187.
Parlement d'Angleterre, II, 26.
Parlements, III, 6 et suiv., 92, 94, 100, 122, 273; XII, 428, 434; XIII, 188.
Parole, I, 254, 258; IV, 87, 99, 107; VII, 553.
Pascal, I, 280; II, 58, 178, 410; III, 28, 36, 53 et suiv., 80; VI, 263, 411, 456; VIII, 1.
Pasigraphie, XIV, 120, 127.
Patriarche de Moscou, II, 67, 68.
Patrice, II, 204.
Patrie, VII, 54; XI, 481.
Patriotisme, I, 377, 409; III, 353.
Paul (saint), II, 136; V, 133, 136.
Paul Ier, XI, 39, 398, 426.
Paulucci, X, 358; XI, 340, 466, 530; XII, 22, 107, 170, 172, 181, 182, 196, 213, 215, 232, 256, 269; XIII, 354.
Péché originel, IV, 61.
Peine de mort, XIII, 250.
Peintres français, XI, 421.
Peinture, X, 87.
Pendilly (abbé de), XIV, 80, 86.
Pentecôte, V, 168.
Pépin, II, 200.
Périclès, V, 393; VI, 271.
Perpétuité de la foi, par Arnaud, III, 43.
Persécuteur, III, 64.
Perses, I, 476; XII, 21.
Pesanteur, V, 200.
Pétau, III, 53; VI, 456.
Peuple, I, 93, 107, 113, 117, 264, 323, 474.
Peuple souverain, I, 311; X, 218.
Peur, V, 30; IX, 159.
Phidias, VI, 484.
Philarète, archimandrite, XIII, 123, 124.
Philippe II, III, 316; X, 296; XII, 214.
Philosophes, I, 399, 404, 414, 524; II, 188.
Philosophes païens, VI, 451.
Philosophie, I, 358; V, 446; VI, 455; XIV, 139.
Philosophie de Bacon, VI, 286 et suiv.
Philosophie du XVIIIe siècle, IV, 282.
Photius, II, 80, 459, 503.
Physique et religion, IV, 267.
Piatoli, X, 372.
Pie VII, VIII, 461; IX, 250, 290, 328, 342, 358; X, 110, 111, 193; XI, 44, 283; XII, 17; XIII, 65.

Piémont, IX, 408 ; X, 152, 160, 341 ; XI, 97, 135, 181 ; XIV, 258.
Pierre (saint), I, 290 ; II, 106, 113, 114.
Pierre (basilique de Saint-), III, 243.
Pierre Ier, II, 446 ; X, 460 ; XII, 31.
Pierre III, XI, 39.
Pierre l'Ermite, II, XXVIII.
Piétistes, VIII, 327.
Pindare et David, V, 46, 465.
Pithou, II, 144 ; III, 245.
Pitt, X, 65, 69, 75, 76, 155.
Platon, I, 254, 267 ; II, 140, 487, 488 ; V, 363, 370, 382, 422, 458, 463 ; XI, 422 ; XII, 486.
Platow, X, 247, 253 ; XII, 177, 289, 309.
Plaute, II, 133, 370.
Pluche, VI, 409.
Plutarque, V, 363 et suiv.
Polémique, XIV, 150.
Police, I, 471 ; XIV, 20.
Politique, I, 225, 228, 361, 363.
Politique et puissance surnaturelle, IV, 179.
Pologne, I, 428 ; X, 238, 390, 420 ; XI, 289, 305, 349, 492 ; XIII, 19, 21, 31, 90, 105, 145, 182, 183, 274, 320, 388, 466.
Polythéisme, VI, 104.
Pombal, XI, 16.
Pompée, V, 393.
Population, II, 401, 402, 404.
Port-Royal, III, 27, 32, 33, 36 et suiv., 51, 75 et suiv.
Portugal, X, 197 ; XI, 19.
Potocki, X, 497 ; XII, 457.
Pouvoir, I, 117, 349, 371 ; II, 24, 188.
Pouvoir des clefs, VIII, 440.
Pozzo di Borgo, IX, 241 ; X, 141, 281.
Pradt (abbé de) sur le congrès de Vienne, XIII, 328.
Préjugés, I, 10, 375.
Prêtre, I, 277 ; II, 372, 380 ; III, 298 ; VI, 454, 460, 473 et suiv. ; XI, 519.
Prêtre et chevalier, V, 254.
Prière, IV, 200, 211 et suiv., 234, 259, 263, 300, 309, 310 ; V. 39.
Prière et nuit, V, 60.
Princes, II, 418.
Princes propagateurs du christianisme, XII, 132.
Prisonniers en Savoie, VII, 217.
Probabilisme, III, 208.
Procédure secrète, VII, 15, 201.
Propagateurs du christianisme, II, 336.
Properce, II, 362.
Prophètes, V, 232, 234, 236.
Protestants, I, 258 ; II, 29, 30, 413, 470, 524 ; V, 243 ; VI, 472, 505 ; VIII, 64, 68, 76, 77, 85, 86, 136, 312, 333 ; 472, 480, 485.
Providence, I, 1, 9, 15, 22, 123, 125, 147 ; IV, 19 ; V, 129 ; VII, 274 ; IX, 37, 60, 68, 74 ; XIV, 267.
Provinciales, III, 61 et suiv.
Prusse, I, 396 ; IX, 246, 253, 283, 306, 348, 429, 438, 454, 469, 471, 483, 512 ; X, 4, 33,

34, 39, 43, 59, 62, 63, 68, 76, 78, 93, 99, 100, 108, (110, montres et tabatières), 115, 134, 177, 188, 190, 191, 194, 195, 198 et suiv., 216, 224, 225, 233, 235; 238 et suiv., 242, 330, 434, 435, 451, 453; XI, 206; XII, 141; XIII, 129.
Psaumes, V, 46.
Puffendorf, II, 64, 65.
Puissance légitime, VII, 120.
Puissances (grandes et petites), IX, 273.
Puissance temporelle, II, 205, 206.
Puissance temporelle des Papes, VI, 459.
Pultusk (Bataille de), X, 316, 340, 381.
Punitions divines, V, 434;
Purgatoire, II, 447; V, 85, 312, 402, 450; VIII, 461.
Putréfaction physique et morale, II, 457.
Pythagore, VI, 214, 401.

## Q

Quatre chapitres sur la Russie, XII, 81.

## R

Rabaud-Saint-Etienne, VIII, 83.
Races royales, II, 420.
Racine, I, 97; III, 29, 33; VI, 486; IX, 305.
Raison, I, 375, 399, 401; XIV, 371.
Raison et passion, X, 299.
Raison individuelle, V, 446.
Raison nationale, I, 411, 525.
Raphaël, II, 196; VI, 477, 484.
Rascolnics, secte russe, II, 457; XIII, 160.
Ravissements, V, 200.
Razoumofski, X, 24.
Réalistes et Nominaux, II, 85, 86.
Réflexions sur le protestantisme dans ses rapports avec la souveraineté, VIII, 63.
Rédemption, V, 346, 355.
Reflux, VI, 137 et suiv.
Réforme, XIV, 194.
Réforme des abus, VI, 152.
Régale, III, 93, 101.
Régence, I, 198.
Régicide, I, 142; XIV, 301, 351.
Reid, VI, 33.
Religieuses françaises, II, 399.
Religion, I, 56, 275, 301, 306, 361, 363, 375, 409; II, 452; V, 188, 326; VI, 472, 473; VIII, 289, 309; X, 282.
Religion catholique, VIII, 321

Religion de Bacon, VI, 488 et suiv.
Religion et science, IV, 231, 267; V, 186; VI, 450 et suiv.
Remords, V, 399.
Repentir, V. 40.
République, I, 41, 50, 51, 80, 131, 134, 203, 204, 354, 486, 501, 529, 531; XIV, 290, 292.
République italique, IX, 135, 154.
Retz, II, 94; VIII, 9.
Révélations, V, 147, 239; VI, 268 et suiv.
Réversibilité des douleurs, V, 120.
Révocation de l'édit de Nantes, VIII, 79; X, 249; XIV, 78.
Révolution, I, 3, 9, 13, 20, 50, 55, 122, 124, 126, 128, 158, 204, 392, 405, 479; II, xxxiii; VII, 84, 131, 132, 248, 249, 385, 391 et suiv., 396, 398, 411, 416, 422, 426, 431, 434, 442, 444, 449, 471, 472, 491; IX, 11, 14, 18, 23, 28, 86, 467, 494; X, 150, 151, 352, 447; XI, 3, 16; XII, 131, 152; XIII, 188; XIV, 144, 148, 348.
Rey (l'abbé), XIV, 199, 201.
Richardson, VII, 343.
Richelieu, III, 241; XI, 233, 448.
Richelieu (duc de), XII, 29, 51.
Richesse et vertu, IV, 171.
Rienisme, VIII, 485.
Robespierre, I, 5, 18; II, 531.
Robertson, III, 376.
Rochefoucauld (la), VI, 456.
Rois, I, 267, 346, 445; II, 175, 422; IX, 298; X, 8, 128; XIV, 173, 343.
Rois de France, III, 328; X, 187, 188, 220, 221, 335, 367, 371, 375, 439; XI, 539; XII, 41.
Roi de Sardaigne, X, 460, 472; XI, 243. (Voir Sardaigne).
Roi de Suède, XI, 254, 306, 309, 310, 376, 392, 487, 493, 495; XII, 25.
Rome, I, 348, 362, 370, 495, 502, 550, 551; V, 455; V, 460; VIII, 169, 172; XIV, 132, 134, 195, 212, 249, 250, 370.
Romulus, I, 348.
Rondeur de la terre, VI, 462.
Rosaven (le P.), XI, 431; XIV, 84, 94.
Rostopchin, XI, 401, 416, 431; XII, 277, 304.
Roumantzof, XI, 246, 248.
Rousseau (J.-J.), I, 319, 330, 333, 400, 405, 407, 416, 426, 457, (résumé de ses jugements sur les gouvernements, 519); II, 238, 295, 401; IV, 63; VI, 458, 459; VII, 509 et suiv.; XII, 367.
Roussy (de), XIV, 350.
Royaumont, III, 36.
Royauté héréditaire, I, 100.
Rubichon, XIV, 305.
Russes et Russie, I, 396; II, 79, 425, 428; VIII, 163, 279, 284, 288, 289, 292, 355, 453; IX, 322; X, 24, 177, 202, 222, 243, 416, 419, 441, 458, 459,

528; XI, 2, 30, 118, 157, 175, 220, 237, 305, 384, 412, 434, 489, 514, 519, 520; XII, 4, 31, 81, 111, 241, 286, 379; XIII, 7, 9, 11, 13, 29, 73, 145, 147, 148, 165, 170, 171, 226, 251, 252, 261, 275, 299, 301, 302, 320, 386, 472, 476, 484; XIV, 136, 330.

## S

Sacerdoce, I, 150, 331; II, 372, 380: V, 252.
Sacre, I, 268; V, 308.
Sacre de Napoléon, X, 285.
Sacrements, VIII, 424, 428.
Sacrifice, V, 125, 284 et suiv., 346.
Sacrifices humains, V, 327.
Sacrilège, V, 454.
Saint-Julien, ministre d'Autriche, XI, 504; XII, 12, 116, 121.
Saint-Marsan, XI, 256.
Saint-Martin, IX, 8; XIII, 220, 331.
Saint-Pétersbourg, IX, 176, 192, 242; XIII, 115, 195, 226, 227, 296, 304, 319, 359, 403, 409, 450, 482.
Saint-Val, actrice, IX, 1.
Saldanha-Gama, ministre de Portugal, XIII, 146.
Sang, V, 295, 297, 300, 349.
Santeuil, ses hymnes, IV, 311.
Sardaigne, IX, 120, 410, 415; X, 533; (mémoires et notes sur les intérêts, etc., du roi de Sardaigne, XII, 321, 350, 371, 375, 402, 420, 439, 444).
Sarpi, III, 8.
Sarrazins, II, 433.
Sauvages, I, 270, 321; IV, 63, 82, 84, (sauvage et barbare, 86); VII, 544, 547, 554; VIII, 103.
Savants, V, 107.
Savary, ambassadeur de France, X, 476, 478, 509, 537; XI, 3, 19.
Savoie (voir Sardaigne et Roi de Sardaigne), VII, 61, 101, 182, 184, 186, 188, 190, 193, 202, 211, 212, 215, 251; IX, 3, 28, 42, 45, 48, 52; XIII, 33; XIV, 167.
Saxe, X, 194, 351, 452; XI, 168; XII, 463; XIII, 19.
Scander-Bey, X, 96.
Sceau, II, 133, 135.
Sceptre, I, 397.
Schischkof (amiral), XIII, 207.
Schisme, II, 125; VIII, 139, 146, 149, 155.
Schwartzenberg, XI, 214, 226, 229, 297; XII, 123, 209, 211.
Science, I, 277, 528, 531, 548; II, xx, 453; IV, 66; VI, 2, 453, 454, 472, 473; XIV, 123.
Science des premiers hommes, IV, 72, 75.
Science et mystères, V, 179.

Science et religion, IV, 231; V, 186, 237; VI, 450 et suiv.; VIII, 164, 297, 306, 321; XII, 203.
Science et Révolution, VIII, 103.
Sciences naturelles, VI, 24.
Sciences (ordre des), VI, 455.
Scipion, X, 236.
Scolastique, VI, 35.
Sculpture, VI, 484.
Sectes, II, 456, 459, 471; VIII, 133, 152, 154; XIII, 120.
Semonville, IX, 26.
Sénèque, V, 133, 138, 142; VI, 212, 214, 502.
Senèque le tragique, II, 224.
Sens et principe sensible, VI, 317 et suiv.
Sens religieux, V, 128.
Serfs en Russie, VIII, 284, 288, 289, 292, 355.
Sergius (patriarche), II, 120.
Serment, VII, 59, 67.
Serment constitutionnel, I, 27.
Serra-Capriola, ambassadeur de Naples, IX, 240, 277, 296; X, 100.
Severoli, nonce à Vienne, XIII, 35.
Sévigné, III, 16 et suiv.; VIII, 1, 5, 57; XII, 366; XIV, 190.
Shakespeare, I, 97; VII, 336.
Siècle (dix-septième), VI, 455 et suiv.
Siècle (dix-huitième), I, 302 et suiv.; VI, 136; VII, 30; VIII, 454; XIII, 189.
Sièges, VII, 488.
Siestrencewicz, arch. de Mohilev, VIII, 509; XIII, 387, 466, 474; XIV, 55, 56.
Siniavin, amiral russe, X, 146, 185, 216, 541.
Smolensk (bataille de), XII, 177, 179, 185, 191, 199, 270.
Société, I, 315.
Société biblique, II, 319; V, 245; VIII, 497 et suiv.; XIII, 149, 252, 330, 467; XIV, 5.
Sociétés secrètes, XIII, 28.
Soirées de Saint-Pétersbourg, X, 112; XIV, 212, 246, 250.
Soldat, XIV, 53.
Soldat et bourreau, V, 3.
Soliman, I, 540.
Solon, I, 347.
Soltikof, X, 158, 480; XI, 134; XIII, 357.
Sommeil, V, 62.
Songes, V, 64.
Sontag, XII, 455, 483.
Sorbonne, III, 122.
Souffrances, V, 84, 129.
Souverain, IX, 178, 257; XII, 429.
Souverain héréditaire, I, 353.
Souverains électifs, II, 261.
Souveraineté, I, 11 et suiv., 231, 286, 312, 323, 330, 417; II, 1, 167 et suiv., 180, 281, 282, 418; VII, 155. (Origine, XI, 132.)
Souveraineté du peuple, IX, 494; XIV, 65, 68.
Souwarof, IX, 131; XI, 492; XII, 21.
Souza, ambassadeur de Portugal, XIII, 193.
Sparte, I, 370, 495.

Speranski, XI, 237, 384, 521 ; XII, 39, 101 et suiv., 114.
Staël (Mme de), II, 63, 64 ; IX, 443 ; XI, 338 ; XIV, 142 et suiv., 159.
Steddingk, ambassadeur de Suède, XI, 306, 334, 473, 495 : XII, 23, 25.
Stepanop, traître, X, 267.
Stolberg, XIV, 116.
Stourdza, XIV, 56, 57, 82, 83, 96.
Strogonof, XII, 64 et suiv.
Style, III, 46 ; XIV, 114.
Sublime, I, 193.
Succès, IV, 176 ; X, 71.
Suchtelen, général suédois, XII, 111.
Suède, IX, 220, 245, 248, 380, 428 ; X, 93, 100, 109, 115, 149, 190, 195, 197, 251, 356, 357, 378, 396, 452, 474, 481, 542 ; XI, 4, 29, 35, 56, 61, 63, 72, 80, 81, 89, 113, 131, 134, 158, 173, 219, 222, 227, 229, 235, 242, 260, 275, 288 ; XII, 5, 17, 23, 27, 82, 84, 85, 111, 116.
Suger, II, 228.
Superstition, V, 195.
Swetchine (Mme), XIII, 178, 336, 381 ; XIV, 309, 310, 319, 338.
Syllogisme, VI, 2 et suiv., 16, 19, 20, 21, 35, 37, 40.
Symbole catholique, I, 250.
Symbolisme des couleurs, V, 435.

## T

Table et sainte Table, V, 175, 176.
Tacite, I, 213, 497, 507 ; II, 183, 224, 371.
Talleyrand, X, 103, 194 ; XI, 59, 155.
Tanucci, XI, 16.
Tchitchagof (amiral), IX, 218, 452 ; X, 126 ; XI, 45, 92, 116, 240, 278, 293, 299, 393, 408 ; XII, 135, 192, 211, 233, 263, 298, 209, 313, 337, 489 ; XIV, 262, 266, 283.
Te Deum, V, 37.
Télémaque, I, 530.
Tellier (P. Le) et les jansénistes, VIII, 78.
Templiers, III, 304.
Temps, I, 265.
Tertullien, II, 37.
Théâtre, V, 457 ; VI, 485 et suiv.
Thémistocle, V, 387, 454.
Théocratie, I, 90.
Théodebert, II, 483.
Théologie, I, 275, 276 ; V, 186 ; VI, 460, 461.
Théosophie, XII, 458.
Thespesius, V, 428.
Thomas (saint) et les idées, IV, 114.
Thomassin, II, 33, 146.
Thomisme et jansénisme, III, 221, 222.

Tibère, I, 514.
Tiers état, I, 132 ; III, 5.
Tilsitt (paix de), X, 455, 466, 481.
Tiraboschi, VI, 466.
Tite-Live, I, 363.
Tolérance, III, 285, 302, 319, 320, 357.
Tolstoï, X, 120, 236, 245, 333, 413; XI, 70, 152.
Torquemada, III, 292.
Torricelli, III, 58.
Tournely, II, 54.
Tradition, VIII, 415.
Traduction, VI, 517 ; XIV, 321.
Traité de Paris, XIII, 53, 71.
Trajan, II, 161.
Tribunaux, II, 2.
Tribuns à Rome, I, 348.
Tuileries, I, 294.
Turcs et Turquie, I, 540 ; II, 415, 417; X, 7, 357, 377; XI, 62, 497.
Turgot, I, 381.
Tyrannie, II, 174; VII, 60.

## U

Ulm (capitulation d'), IX, 495.
Ultramontanisme, XIV, 226.
Union, XIV, 183, 191, 247.
Unité, V, 162, 168, 169.
Unité en Dieu, V, 170, 172.
Unité humaine, V, 174.
Unité morale des nations et des familles, V, 470.
Université, I, 275.
Usurpateur et prince légitime, XI, 516.

## V

Valais, XIV, 291.
Vallière (M^me de la), VIII, 10, 57.
Van Suchtelen, général, IX, 316.
Veillées, V, 57.
Vénalité des charges, I, 95, 283, 284.
Vendée, I, 327; X, 371; XIV, 359.
Vengeance, I, 140.
Venise, I, 459 ; III, 327 ; X, 7 ; XIV, 257.
Verbe, III, 45.
Vérité, IV, 214, 349 ; V, 191 ; VII, 91; XIV, 318.
Vertu, V, 459.
Vertu, bonheur et malheur, IV, 27, 165; X, 112.
Vertu et richesse, IV, 171.
Vertu hors de l'Eglise, III, 78.

Verve, VI, 70, 71.
Vestales, II, 355.
Veuves indiennes, V, 315.
Vice et maladies, IV, 37.
Vice heureux, X, 112.
Victimes humaines, V, 307.
Victor-Emmanuel Ier, roi de Sardaigne, IX, 406 ; X, 83, 103.
Victor (saint), pape, et la Pâque, VIII, 430, 436.
Viduité, II, 361.
Vie, X, 387 ; XIV, 246, 282.
Vie et âme, V, 285.
Virgile; V, 231.
Voltaire, I, 280, 282, 284, 394, 396, 406, 407, 487, 522, 548 ; II, 208, 219, 220, 225, 230, 234, 237 et suiv., 244, 250, 252, 254, 257 et suiv., 267, 282, 327, 427, 434, 442 ; III, 36, 295, 301, 348, 389, 392 ; IV, 206 ; VII, 263, 486, 525, 527; VII, 341 ; XI, 422 ; XII, 41 ; XIV, 314.
Vouloir, XI, 141.
Voyage autour de ma chambre, VII, 324.
Voyageurs, III, 329.
Vuarin, curé de Genève, XIV, 51, 122, 186, 194, 210, 222, 231, 251, 342.

## W

Warburton, II, 389, 401.
Warren, ambassadeur d'Angleterre, IX, 204, 216, 234, 235.
Washington, I, 88.
Wittgenstein, XII, 178, 187, 193, 207, 233, 257, 264, 270, 274, 292, 297, 309, 313, 314, 343.
Wolkonski, X, 542.
Woronzof, X, 166.

## X

Xavier (saint François-), II, 334.

## Y

Ypsilanti, prince de Valachie, X, 248, 249.

## Z

Zundler, X, 113, 276 ; XI, 85, 330.

A LA MÊME LIBRAIRIE

VIENT DE PARAITRE

# OPINION D'UN ARTISTE SUR L'ART

1 fort vol. in-8. — Prix : 7 fr.

Mr JANMOT, qui est un peintre des plus remarquables de cette école lyonnaise qui en a produit tant d'illustres, vient d'étudier les conditions de son art dans un volume dont le titre modeste : **Opinion d'un artiste sur l'art,** ne fait que rehausser davantage la grande valeur. M. Janmot est un de ces esprits qui deviennent de plus en plus rares, pour qui l'art n'habite que dans les sphères les plus élevées de la pensée et de l'idéal. Toute une première partie de son livre est consacrée à établir les rapports nécessaires qui lient la nature du bien à celle du beau. L'on peut dire que c'est à la lumière de ce flambeau divin qu'il suit la marche historique de l'art dans les temps modernes.

A l'encontre de beaucoup d'historiens de l'art, il pense que la Renaissance, loin d'être le commencement d'une ère de progrès, est le point de départ d'une ère de décadence. La forme, sans doute, fut l'objet des efforts des artistes de cette époque. Mais l'idée ne fut pas toujours à la hauteur de ces efforts plastiques. Suivant lui, l'inspiration chrétienne, patriotique, y est remplacée par la manie de l'imitation antique, le culte des règles académiques et la banale informité.

Nous ne dirons pas que M. Janmot ne rencontrera pas de contradicteurs ; mais son livre contribuera certainement à ramener nos artistes a un culte plus idéal, plus élevé de l'art, et peut-être à nous tirer de ces petitesses artistiques où notre école pourrait bien arriver à se perdre.

(*Le Moniteur universel*, 13 Janvier 1887.)

Lyon. — Imprimerie Vitte et Perrussel, 30, rue Condé.

www.ingramcontent.com/pod-product-compliance
Ingram Content Group UK Ltd.
Pitfield, Milton Keynes, MK11 3LW, UK
UKHW051024210726
13857UKWH00007B/1738

9 782012 926165